Bibliografische Information der Deutschen Nationalbibliothek:

Die Deutsche Bibliothek verzeichnet diese Publikation in der Deutschen National-
bibliografie; detaillierte bibliografische Daten sind im Internet über http://dnb.d-
nb.de/ abrufbar.

Impressum:

Copyright © 2017 GRIN Verlag
Druck und Bindung: Books on Demand GmbH, Norderstedt Germany
ISBN: 9783668648012

Dieses Buch bei GRIN:

https://www.grin.com/document/413667

Claudia Weiler

Trainingsplanung im Fitness- und Gesundheitssport nach der ILB-Methode

GRIN Verlag

GRIN - Your knowledge has value

Der GRIN Verlag publiziert seit 1998 wissenschaftliche Arbeiten von Studenten, Hochschullehrern und anderen Akademikern als eBook und gedrucktes Buch. Die Verlagswebsite www.grin.com ist die ideale Plattform zur Veröffentlichung von Hausarbeiten, Abschlussarbeiten, wissenschaftlichen Aufsätzen, Dissertationen und Fachbüchern.

Besuchen Sie uns im Internet:

http://www.grin.com/

http://www.facebook.com/grincom

http://www.twitter.com/grin_com

HAUSARBEIT

„Fitnesstrainer/in-B-Lizenz"

Weiler.

Claudia

BSA-Akademie

Hermann Neuberger Sportschule 3

66123 Saarbrücken

Inhaltsverzeichnis

1 DIAGNOSE

Um die aktuelle Leistungsfähigkeit und die momentane Gesundheitssituation des Trainierenden beurteilt zu können, müssen mittels Eingangsgespräch und speziellen Eingangstests Daten erhoben werden. Entsprechende Maßnahmen im Zuge der Trainingsplanung werden ergriffen.

1.1 Eingangsgespräch

Das Eingangsgespräch mit Frau W. (nachfolgend „die Kundin" genannt) ergab folgende Daten:

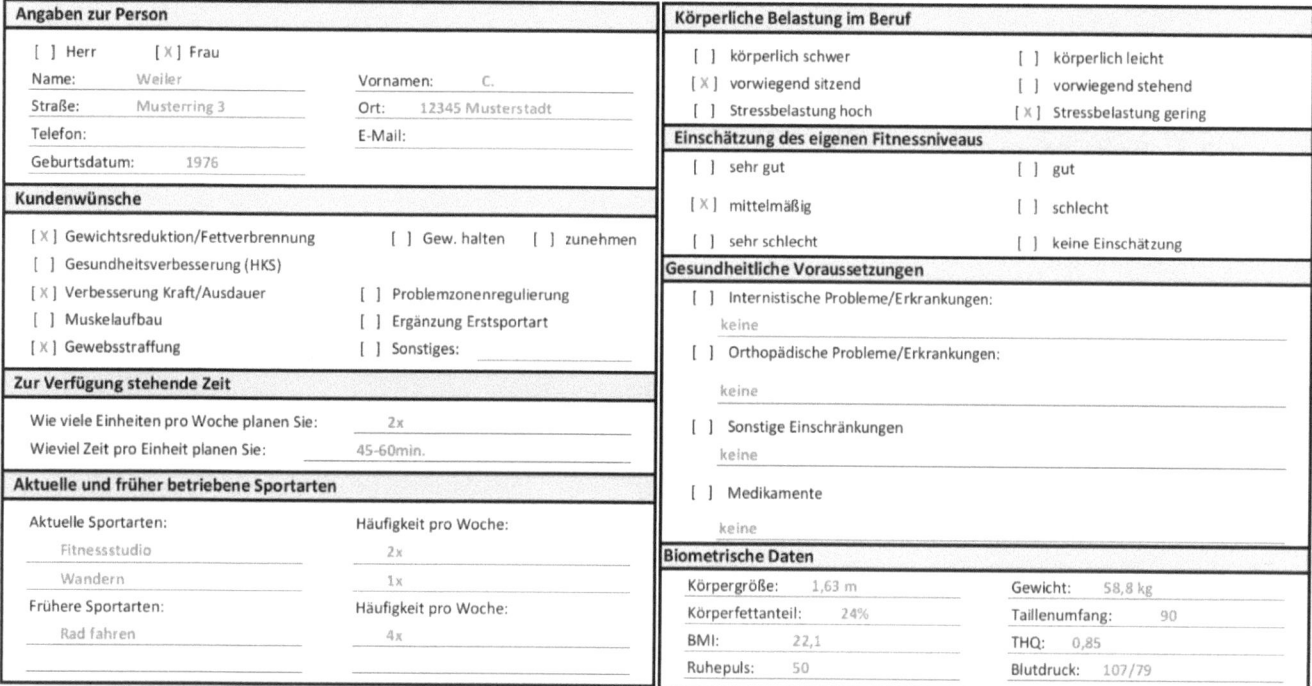

Angaben zur Person

[ ] Herr   [X] Frau

Name: Weiler   Vornamen: C.

Straße: Musterring 3   Ort: 12345 Musterstadt

Telefon: E-Mail:

Geburtsdatum: 1976

Kundenwünsche

[X] Gewichtsreduktion/Fettverbrennung   [ ] Gew. halten   [ ] zunehmen

[ ] Gesundheitsverbesserung (HKS)

[X] Verbesserung Kraft/Ausdauer   [ ] Problemzonenregulierung

[ ] Muskelaufbau   [ ] Ergänzung Erstsportart

[X] Gewebsstraffung   [ ] Sonstiges:

Zur Verfügung stehende Zeit

Wie viele Einheiten pro Woche planen Sie: 2x

Wieviel Zeit pro Einheit planen Sie: 45-60min.

Aktuelle und früher betriebene Sportarten

Aktuelle Sportarten:	Häufigkeit pro Woche:
Fitnessstudio	2x
Wandern	1x
Frühere Sportarten:	Häufigkeit pro Woche:
Rad fahren	4x

Körperliche Belastung im Beruf

[ ] körperlich schwer   [ ] körperlich leicht

[X] vorwiegend sitzend   [ ] vorwiegend stehend

[ ] Stressbelastung hoch   [X] Stressbelastung gering

Einschätzung des eigenen Fitnessniveaus

[ ] sehr gut   [ ] gut

[X] mittelmäßig   [ ] schlecht

[ ] sehr schlecht   [ ] keine Einschätzung

Gesundheitliche Voraussetzungen

[ ] Internistische Probleme/Erkrankungen:
keine

[ ] Orthopädische Probleme/Erkrankungen:
keine

[ ] Sonstige Einschränkungen
keine

[ ] Medikamente
keine

Biometrische Daten

Körpergröße:	1,63 m	Gewicht:	58,8 kg
Körperfettanteil:	24%	Taillenumfang:	90
BMI:	22,1	THQ:	0,85
Ruhepuls:	50	Blutdruck:	107/79

Abb. 1: Anamnesebogen

1.2 Biometrische Daten

Die internistischen und biometrischen Daten werden anhand von Messungen/Berechnungen erhoben und müssen zur ersten Einschätzung des Kunden und dessen eventuellen Risikofaktoren mit den Normwerten verglichen und ausgewertet werden.

Parameter	Messwert	Normwert	Bewertung
Body-Mass-Index	22,1	18,5 – 24,9	Normalgewicht
systolischer Blutdruck	107	unter 120 mmHg	optimal
diastolischer Blutdruck	79	unter 80 mmHg	optimal
Körperfettanteil (BIA)	24	21-33	normal
Ruhepuls	50	60-80 bpm	< normal

Tab. 1: Biometrische Daten

1.2.1 Body-Mass-Index (BMI)

Der BMI ist ein Maß für die Anzeige des Ernährungsstatus bei Erwachsenen[1]. Damit lässt sich ein eventuelles Übergewicht diagnostizieren. Zur Berechnung dient die nachfolgende Formel:

$$BMI = \frac{K\ddot{o}rpergewicht\ (Kg)}{K\ddot{o}rpergr\ddot{o}\beta e\ x\ K\ddot{o}rpergr\ddot{o}\beta e\ (m)}$$

Der BMI ist im Fitness- und Gesundheitssport ein leicht errechenbarer Parameter, mit hoher Aussagekraft. Bei einem Leistungssportler allerdings ist der BMI nicht ohne weiteres interpretierbar, da die Zusammensetzung des Körpers unberücksichtigt bleibt und nur das eigentliche Körpergewicht angenommen wird.

	Kategorie	BMI (kg/m²)	Körpergewicht
	starkes Untergewicht	< 16,00	
	mäßiges Untergewicht	16,0 – < 17	Untergewicht
	leichtes Untergewicht	17,0 – < 18,5	
	Normalgewicht	18,5 – < 25	Normalgewicht
	Präadipositas	25,0 – < 30	Übergewicht
	Adipositas Grad I	30,0 – < 35	
	Adipositas Grad II	35,0 – < 40	Adipositas
	Adipositas Grad III	≥ 40,0	

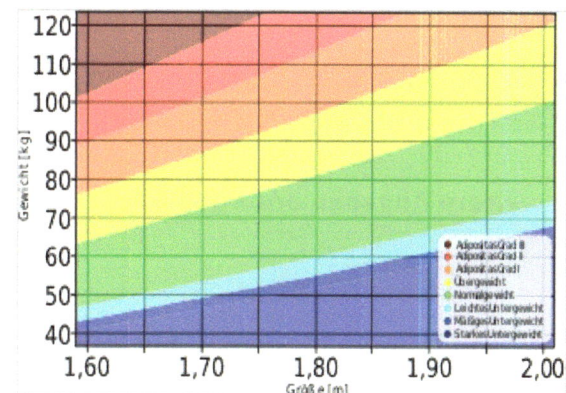

Abb. 2

Gewichtsklassifikation bei Erwachsenen anhand des BMI (nach WHO, Stand 2008) [2]

Abb. 3

Gewichtsklassen in Abhängigkeit von Kör-
permasse und Körpergröße (nach nebenste-
henden BMI-Angaben) [2]

1.2.2 Ruhepuls

Um den Ausdauerleistungszustand der Kundin beurteilen zu können, wird der Ruhepuls als messbare Größe herangezogen. Sinnvoll ist eine Messung des Ruhepulses unmittelbar nach dem Aufwachen, noch bei absoluter Ruhe. Diese Messung hat die Kundin 3 – 5 Tage direkt nach dem Aufwachen durchgeführt und den Mittelwert gebildet (54 bpm).

Für den Ruhepuls gilt: Je höher dieser ist, desto schlechter der Ausdauerleistungszustand einer Person. Wobei immer auch eine genetische Disposition für höhere oder niedrigere Ruheherzfrequenzen mit berücksichtig werden müssen[3]. Der Normalwert bei Erwachsenen liegt
zwischen 60 – 80 bpm. Bei steigendem Ausdauerleistungsniveau sinkt der Ruhepuls, so dass ein gut trainierter Sportler durchaus 50 – 60 bpm erreichen kann. Bei Ausdauerleistungssportlern liegt der Ruhepuls deutlich unter 50 bpm.

Wichtig für die Beurteilung bzw. Messung: Wenn der Puls z. B. direkt im Studio gemessen wird, handelt es sich um den Tagespuls, welcher von Einflußfaktoren wie Stress, Rauchen, Koffein abhängig ist und somit 5 – 10 Schläge über dem Ruhepuls liegt. Somit kann zur Not der Tagespuls abzüglich 5 – 10 Schläge als geschätzter Ruhepuls zur Beurteilung herangezogen werden. Der Puls kann entweder am Handgelenk (Radialispuls) oder an der Halsschlagader (Carotispuls) gefühlt/gemessen werden. Auch die Pulsmessung durch elektronische Pulsmessgeräte ist möglich.

1.3 weitere Angaben des Kunden

Die Kundin ist seit 1,5 Jahren Mitglied im Fitnessstudio und trainiert vorwiegend an Ausdauergeräten. Ein Krafttraining betreibt Sie ohne festen Plan und nur sporadisch. Früher fuhr sie 4x die Woche Rennrad, Ausgleich zum Studium. Die Einheiten hatten eine Dauer von 1,5 – 3 Stunde. Aktuell kann die Kundin aus zeitlichen Gründen nur sonntags Wandertouren von bis zu 3 Stunden unternehmen. Sie möchte wieder mehr Sport machen und dafür regelmäßig 2x pro Woche im Fitnessstudio nach Plan trainieren. Das Zeitbudget pro Einheit beträgt 45 – 60 min.

Die Kundin möchte eine bessere Fitness, ihr Gewicht reduzieren und einen schön geformten Körper bekommen (etwas mehr Muskeln). Gleichzeitig möchte Sie wieder einen Ausgleich zum Berufsleben schaffen.

Nach eigenen Angaben bestehen keine körperlichen Probleme oder Schmerzen und keine regelmäßige Medikamenteneinnahme.

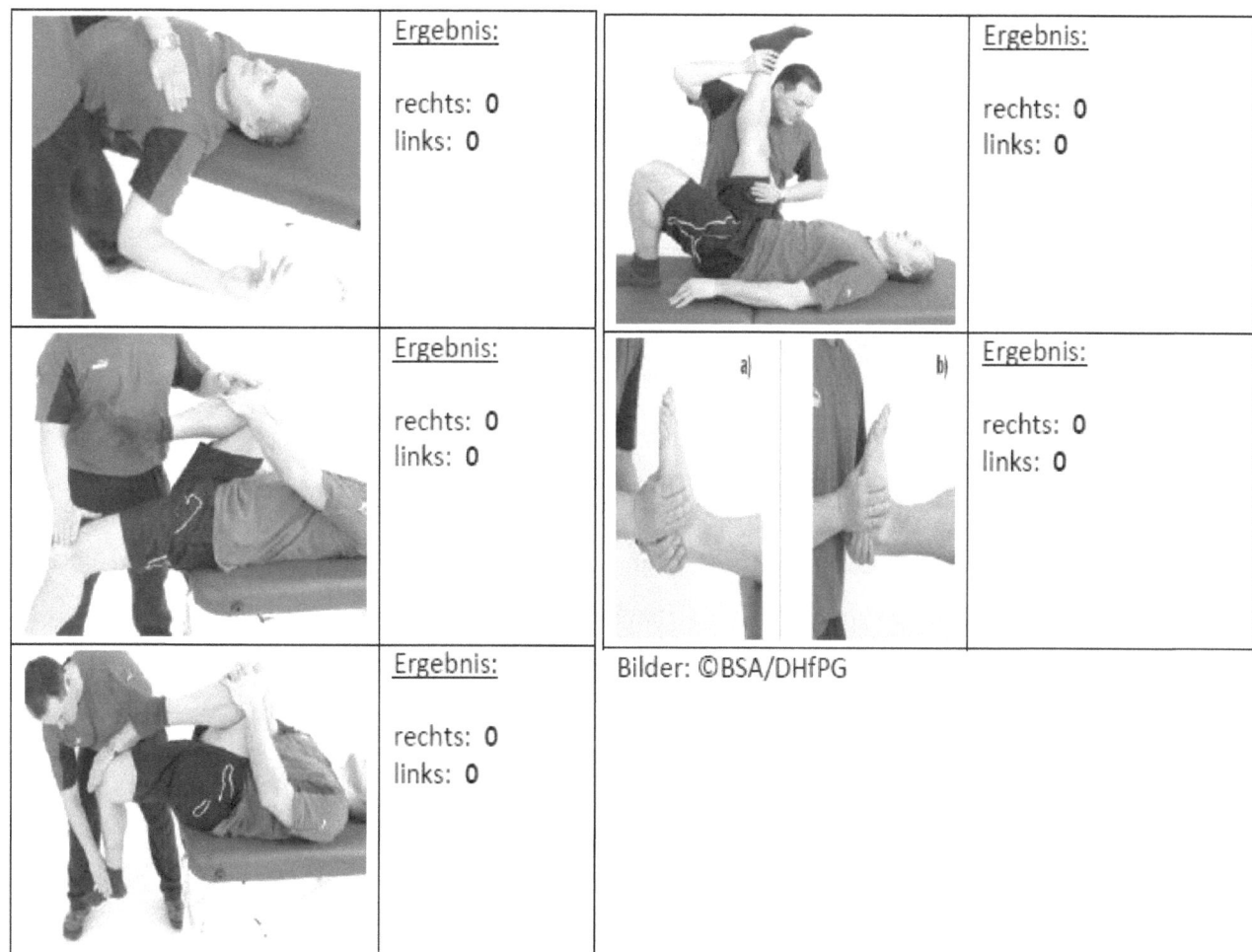

Bilder: ©BSA/DHfPG

Abb. 4: Beweglichkeitstest

2   ZIELSETZUNG

Zuerst werden die Motive und die im Eingangsgespräch festgelegten Ziele der Kundin mit den Ergebnissen der Diagnose abgeglichen. Daraus wird die Zielsetzung bestimmt, wo an oberster Entscheidungsebene die langfristige Ausrichtung des Trainings steht. Aus diesen Hauptzielen werden Teilziele und hieraus wiederum Feinstziele definiert. Das alles sollte immer in Absprache mit dem Kunden geschehen.

2.1 Ziele der Kundin

Langfristige Ziele	Mittelfristige Ziele
Kraftsteigerung um 15% in 1 Jahr	Gewichtsreduktion von 2 kg in 6 Wochen
Aufbau von Muskelmasse 3kg in 1 Jahr	

Tab. 2: Ziele der Kundin

2.2 Begründung zur Zielsetzung

Eine **Kraftsteigerung** lässt sich durch einen ILB-Krafttest sehr gut bestimmen. Voraussetzung ist, dass der Re-Test bei der gleichen Konstanten durchgeführt wird. Durch das Training nach der ILB-Methode kann ein Beginner eine Kraftsteigerung um durchschnittlich 20% erreichen, bei Fortgeschrittenen durchschnittlich um 14% [4]. Eine Kraftsteigerung von 15% sollte somit erreichbar sein.

Eine Körperfettreduktion von 250 – 500g pro Woche wird als realistisch eingeschätzt. Somit ist die **Gewichtsreduktion** von 2kg in 6 Wochen durchaus zu schaffen, wobei der Aufbau der Muskelmasse berücksichtig werden muss.

Ein Aufbau von ca. 5 – 8 kg **Muskelmasse** ist bei normaler Genetik und konsequentem Training als Ziel im ersten Trainingsjahr als realistisch einzustufen. Danach sind im zweiten ca. 3 – 6 kg und im dritten Trainingsjahr noch 2 – 4 kg realistisch.

3 TRAININGSPLANUNG (nach der ILB-Methode)

Nach der Diagnose und Zielsetzung/Prognose erfolgt im dritten Schritt die Trainingsplanung. Hier werden die Trainingsziele, die Auswahl geeigneter Trainingsmethoden und Trainingsübungen, sowie die zeitliche Planung des Trainings in Zyklen festgelegt. Unter Beachtung der ersten beiden Schritte (Diagnose und Zielsetzung/Prognose) wird ein für mehrere Wochen bzw. Monate dauernder individueller Plan erstellt.

3.1 Makrozyklus

Im Fitness- und Gesundheitssport wird eine Grobplanung im Sinne eines Makrozyklus (langfristige Planung über einen Zeitraum von ca. 6 Monaten) empfohlen. Daraus werden dann die konkreten Mesozyklen, sowie Mikrozyklen abgeleitet.

3.1.1 Darstellung des Makrozyklus

lfd Nr.: 1	Jahr: 2017			Name: C.				Dat: 30.10.2017		Stand:		

Makrozyklus 1 / Jahr 2017					Zeitraum: 02.11.2017	bis	13.05.2018			Leistungsstufe:	Beginner	
Mesozyklus	Dauer in Wochen	von:	bis	Trainingsziel	OrgForm	Primäres Trainingssystem-/methode	Häufigkeit pro Woche/ Trainingstage	Anzahl Übungen pro Muskelgruppe	Sätze pro Übung	Intensität in % ILB Max oder % Max	Wdh	TUT	Satzpausen	Ergänzende Trainingsinhalte
Pre		02.11	01.11	Eingangstest ILB-Max. 20Wdh.									
I	6	06.11	17.12	Kraftausdauer	GK Stat	ILB-Methode	2 / Di + Do	2	2	50-70 %	20	2/0/2	60 Sek	
Post		17.12	16.12	Re-Test 20Wdh.									
Pre		21.12	20.12	ILB-Max. 12Wdh									
II	6	25.12	04.02	Hypertrophie	GK Stat	ILB-Methode	2 / Di + Do	2	2	50-70 %	12	2/0/1	90 Sek	
Post		04.02	03.02	Re-Test 12Wdh.									
Pre		08.02	07.02	ILB-Max. 6Wdh									
III	6	12.02	25.03	Maximalkraft	GK Stat	ILB-Methode	2 / Di + Do	2	2	50-70 %	6	3/0/X	120 Sek	
Post		25.03	24.03	Re-Test 6Wdh.									
Pre		29.03	28.03	ILB-Max. 20Wdh.									
IV	6	02.04	13.05	Kraftausdauer	GK Stat	ILB-Methode	2 / Di + Do	2	2	50-70 %	20	2/0/2	60 Sek	
Post		13.05	12.05	Re-Test 20Wdh.									

Abb. 5: Makrozyklus der Kundin

3.1.2 Erläuterung und Begründung zum Makrozyklus

Die Kundin wird in die **Leistungsstufe Beginner** eingeordnet. Zwar trainiert sie schon seit 18 Monaten im Fitnessstudio, allerdings nicht planmäßig und vorwiegend an Ausdauergeräten. Eine Einordnung nach ihrem „Trainingsalter" als Fortgeschrittener wäre nicht sinnvoll und könnte am Anfang leicht zu einer Überforderung führen, weil bislang noch kein regelmäßiges Training absolviert wurde. Der Kundin werden zwei Trainingstage pro Woche (Dienstag und Donnerstag) empfohlen. So ist eine ausreichend lange Regenerationszeit gewährleistet. Gleichzeitig hat die Kundin den Sonntag weiterhin für Ihre ausgedehnten Wandertouren, welche als dritte Trainingseinheit (wollte die Kundin beibehalten) angesehen werden. Die Kundin wünscht sich ein **Ganzkörpertraining** bzw. Zirkeltraining, was auch dem ILB-Grobraster entspricht.

8

Als Zeitraum wurden **4 Mesozyklen mit jeweils 6 Wochen** gewählt, was einen **Makrozyklus von 24 Wochen** ergibt. Diese Zyklusdauer ist einerseits ausreichend um bei einem Beginner während eines Mesozyklus jeweils eine deutliche Leistungssteigerung zu erreichen, andererseits gibt es Abwechslung im Training, was der Motivationserhaltung dient.

Die Mesozyklen erfolgen in einem regelmäßigen Wechsel beginnend mit der Trainingsphase ‚Kraftausdauer'. Danach folgt die Trainingsphase ‚Hypertrophie' und abschließend kommt ‚Maximalkraft'. Wenn alle 3 Trainingsphasen absolviert sind, werden die Belastungsparameter geändert und der Rhythmus beginnt von vorne.

Der Trainingsplan startet mit dem Mesozyklus **Kraftausdauer**. Auf den ersten Blick erfüllt dies allerdings nicht unbedingt den Kundenwunsch Masseaufbau, allerdings ist diese Phase gut, um die Kundin an einen regelmäßigen Trainingsplan zu gewöhnen. Gleichzeitig werden die positiven Effekte des Kraftausdauertrainings, wie eine Erhöhung der Ermüdungswiderstandsfähigkeit, die Verbesserung des anaerob – laktaziden Stoffwechsels sowie die Verbesserung der Muskeldurchblutung (Kapillarisierung) gefördert. Die Kapillarisierung unterstützt mittel – bzw. langfristig das Ziel des Muskelaufbaus, da die „Infrastruktur" in der Skelettmuskulatur für nachfolgende intensivere Krafttrainingszyklen vorbereitet wird.

Schon der Beginn des Trainingsplanes und dessen Einhaltung wird für die Kundin motivierend sein.

Der Anschließende, also zweite Mesozyklus **Hypertrophietraining** entspricht dem Kundenwunsch eines gewissen Masseaufbaus. Durch die hohen mechanischen Spannungen, die bei einem Hypertrophietraining auf den Muskel wirken, werden sogenannte „Mikrotraumen" verursacht. Die Satellitenzellen werden stimuliert und zur Reparatur der Mikrotraumen veranlasst. Infolgedessen verdickt sich die Muskelzelle und es kommt zu einer kontinuierlichen Zunahme der Muskelmasse.

Der Zyklus **Maximalkraft** entspricht auf dem ersten Blick keinem der beiden Kundenwünsche. Da die Belastungshöhe beim fitnessorientierten Maximalkrafttraining mit hier 6 Wiederholungen allerdings submaximal ist, treten durchaus gewisse Muskelwachstumseffekte auf. Daneben sorgt das submaximale Maximalkrafttraining für weitere intramuskuläre Anpassungen, d. h. der Muskel lernt mehrere Muskelfaser gleichzeitig anzuspannen, somit kann mehr Gewicht mit dem vorhandenen Muskel bewältigt werden. Dies ist nicht nur positiv für die Abwechslung im Training, sondern sorgt auch für eine steigende Festigkeit z. B. von Knochen, Sehnen und Bindegewebe, was wiederum der Verletzungsprophylaxe dient. Zudem dürfe es die Motivation der Kundin erhalten bzw. verstärken, wenn sie merkt, dass sie auch höhere Gewichte als beim bislang üblichen Hypertrophietraining bewältigen und dieses Niveau sogar während des Zyklus noch ausbauen kann. Da dieser Bereich trotzdem keinen Schwerpunkt darstellt um die Ziele zu erreichen, dauert der Mesozyklus Maximalkraft nur 4 Wochen.

Die Häufigkeit des Trainings richtet sich nach dem Zeitbudget der Kundin, welche 3 Einheiten in der Woche absolvieren möchte, wobei der Sonntag ein flexibler Ausdauertag (lange Wanderungen) sein soll. Somit wurde eine **Trainingshäufigkeit** von zwei Mal die Woche (Dienstag und Donnerstag) festgelegt. Ich habe der Kundin mitgeteilt, dass stets auf ein gutes Verhältnis zwischen Belastung und Erholung zu achten ist.

Laut dem ILB-Grobraster soll meine Kundin eine bis zwei **Übungen pro Muskelgruppe** absolvieren. Da die Kundin Wert auf mehr Kraft in den Beinen legt, habe ich dort Ihren Wunsch nach drei Übungen stattgegeben, welche eine Ausnahme darstellt. Die **Satzzahl** von 2 wurde gewählt, weil ein Mehrsatztraining über lange Sicht mehr Erfolg versprechen dürfte. Die Trainingszeit von max. 60 Minuten darf nicht überschritten werden. Ziel ist es, eher intensiv und kurz zu trainieren, denn ein zeitlich langes Training könnte stark katabol und somit kontraproduktiv wirken.

Die **Wiederholungszahl** wurde für den Mesozyklus I mit 20, was für die Kundin gerade noch angenehm ist und einer **Pause** von 60 Sekunden festgelegt. Dies entspricht der Trainingszielsetzung nach der ILB-Methode. Die Wiederholungszahl und Satzpause variiert von Trainingsphase zu Trainingsphase. Entsprechend der Periodisierung ist der Mesozyklus II eine Wiederholungszahl von 12 und eine Pause von 90 Sekunden vorgesehen. Durch die höheren mechanischen Spannungen in den Muskeln, wird eine längere Pausenzeit benötigt.

Im Mesozyklus II (Maximalkraft) soll die Kundin mit der Wiederholungszahl 6 und einer Pausenzeit von 120 Sekunden arbeiten. Durch die Erhöhung des Kraftniveaus ist diese Pausenzeit sinnvoll. Nun beginnt im Mesozyklus IV wieder der Plan von neuem. Dies bedeutet eine Wiederholungszahl von 20 und eine Satzpause von 60 Sekunden.

Nach dem ILB-Grobraster ist die **Trainingsintensität** für die Kundin mit 50 – 70% gewählt. Eine Steigerung der Intensität erfolgt um jeweils 10%, 14-tägig. Bedeutet: Woche eins und zwei werden mit 50%, Woche drei und vier mit 60% und Woche fünf und sechs mit 70% Intensität trainiert.

3.1.3 Durchführung der ILB-Methode (inkl. ILB-Test)

Die Individuelle-Leistungs-Bild-Methode (ILB-Methode) bietet die optimale Möglichkeit, über die individuelle Leistungsfähigkeit der Kundin und weiteren individuellen Faktoren, eine angepasste Intensitätsbestimmung zu gewährleisten. Dazu ist es sinnvoll die aktuelle Leistungsfähigkeit genau mit der Wiederholungszahl zu testen, mit der später trainiert werden soll. Daraus setzt sich der Trainingsplan mit genauer Trainingsintensität, Wiederholungszahl und Satzzahl zusammen.

1. Schritt	Festlegung der Trainingszielsetzung, der entsprechenden Wiederholungszahl und der Übungen: • Kraftausdauer: 15-30 Wdh. • Hypertrophie: 8-15 Wdh. • Maximalkraft: 5-8 Wdh.
2. Schritt	ILB-Test mit der entsprechenden Wiederholungszahl: 1. Allgemeines Aufwärmen 2. Spezielles Aufwärmen 3. Erster Testsatz mit der geforderten Wiederholungszahl (maximal sollten höchstens drei Testsätze absolviert werden)
3. Schritt	Umsetzung des Testergebnisses in die Trainingsplanung. Auswahl der Trainingsintensität an Hand des Grobrasters (vgl. Tab. 22).

Abb. 6: Durchführung der ILB-Methode [5]

Im **ersten Schritt** wird gemäß der Ziele des Kunden festgelegt mit welcher Krafttrainingsmethode die einzelnen Mesozyklen durchgeführt werden sollen (Kraftausdauer, Hypertrophie, Maximalkraft). Gleichzeitig wird die Dauer der einzelnen Zyklen festgelegt, wie oft in der Woche trainiert wird und welche Form des Trainings angewendet wird (Ganzkörper-/Zirkeltraining oder Split-Training). Zusätzlich werden die Wiederholungszahl der einzelnen Übungen, die Übung selbst und die Satzpausen festgelegt. Alle Festlegungen erfolgen aufgrund des gewünschten Trainingeffektes, der sonstigen Wünsche des Kunden und dem vorhandenen Zeitbudget. Zusammen ergeben alle Faktoren den Makozyklus (**siehe 3.1.1**). Nun werden die passenden Übungen und Abstimmung mit dem Kunden ausgesucht und in die Mesozykluspläne übernommen.

Der **zweite Schritt** ist der eigentliche ILB-Test. Dazu muss der Kunde gut regeneriert sein und darf am aktuellen Tag noch kein Training absolviert haben. Allerdings soll der Kunde sich allgemeines mit z. B. Crosstrainer oder Ergometer aufwärmen. Um die lokalen Muskelgruppen und Gelenkstrukturen optimal aufzuwärmen sind beispielsweise 1-2 Sätze je 20

11

Wiederholungen vor jeder Übung sinnvoll. Jetzt gilt es das Gewicht zu finden, welches der Kunde für die jeweilige Übung, mit der festgelegten Wiederholungszahl, gerade noch bewältigen kann. Bei Anfängern wird auf jeden Fall die letzte technisch korrekt ausgeführte Wiederholung (bei normalem Bewegungstempo) als „Ausbelastung" definiert. Bei einem Fortgeschrittenen kann auch die energetische Muskelbelastung (Training bis zum momentanen konzentrischen Muskelversagen) als Testkriterium genommen werden. Um den Faktor „Ausbelastung" zu definieren sollten nicht mehr als zwei bis drei Sätze benötigt werden, da jeder Testsatz sehr ermüdend wirkt. Der Test wird für jede Übung im Trainingsplan durchgeführt. Positiv für den Kunden ist die Gelegenheit die Übungen (auch wenn er sie schon kennt) nochmal gezeigt zu bekommen und unter Anleitung auszuführen. Zum anderen werden durch den Trainer evtl. Bewegungsfehler rasch erkannt und korrigiert. Zum anderen „schleift" sich die korrekte Bewegung schneller beim Kunden ein. Beim Wechseln der Krafttrainingsmethoden muss der Test erneut durchgeführt werden, sofern für diese Methode innerhalb des Makrozyklus noch kein entsprechender Test durchgeführt wurde. Dieser sollte immer zum Start der jeweiligen Krafttraingsmethode erfolgen.

Im **dritten Schritt** erfolgt die Berechnung des konkreten Trainingsgewichts an Hand des ILB-Grobrasters[6]. Nach der Leistungsstufe des Trainierenden richtet sich die prozentuale Belastungsintensität, welche zur Berechnung der Trainingsgewichte herangezogen wird. Hierfür werden die Gewichte mit der Intensität multipliziert, in die vorher der Kunde eingestuft wurde. Beispielsweise trainieren Beginner bis zum sechsten Monat mit 50 – 70% des Testgewichtes. Das Training wird dort dann eher als „sanft" angesehen. Untersuchungen haben gezeigt, dass auch diese geringen Belastungsintensitäten eine etwa 20-prozentige Kraftsteigerung in den ersten sechs Wochen erbringen können.

ILB-GROBRASTER

Leistungsstufe	Zeitstufe in Monaten	Trainingssystem (Organisationsform)	Trainingshäufigkeit (pro Woche)	Übungen pro Muskelgruppe	Sätze pro Übung	Intensität (in % ILB) [1]
Orientierungsstufe	0 - 1,5	Ganzkörper	2	1 - 2	1 - 2	gering [2]
Beginner	1,5 - 6	Ganzkörper	2	1 - 2	1 - 2	50 -70
Geübter	6 - 12	Ganzkörper	2 - 3	1 - 2	2	60 - 80
Fortgeschrittener	> 12	Ganzkörper/Split	3 - 4	1 - 3	2 - 3	70 - 90
Leistungstrainierender	> 36	Ganzkörper/Split	3 - 6	1 - 4	2 - 4	80 - 100

[1] Der Referenzwert für die prozentualen Intensitätsangaben ist das im ILB-Max-Test ermittelte Gewicht.
[2] In der Orientierungsstufe wird noch kein ILB-Max-Test durchgeführt, Training mit geringen Intensitäten, orientiert am "subjektiven Belastungsempfinden".
Quelle: Deutsche Hochschule für Prävention und Gesundheitsmanagement - Studienbrief Trainingslehre I - Allgemeine Trainingslehre und Krafttraining v. 2.0

Abb. 7: ILB-Grobraster

3.2 Mesozyklus

Jeder Mesozyklus bildet die Dauer einer Krafttrainingsmethode innerhalb eines Makrozyklus (6 Monaten) ab. Mesozyklen haben eine Dauer von 4 – 6 Wochen und beginnen mit einem ILB-Test.

3.2.1 Das Aufwärmen

Zu Beginn einer jeder Trainingseinheit sollte ein Aufwärmprogramm absolviert werden, um eine optimale psychische und physische Verfassung vor körperlicher Beanspruchung herzustellen.

Die wesentlichen Ziele sind:

- Erhöhung der Körperkerntemperatur
- Mobilisation des Herz-Kreislauf-Systems und damit eine Erhöhung der physiologischen Leistungsbereitschaft (Verbesserung der Kontraktionsfähigkeit der Muskulatur, vermehrte Produktion von Gelenkflüssigkeit)
- Verletzungsprophylaxe
- psychische Einstimmung auf die nachfolgende Belastung (steigern der Motivation und Konzentration)

Inhalte des Aufwärmens (für **Frau W.**):

- Mentales Aufwärmen:

  positive Einstellung zum Training finden, um Konzentration und Motivation zu fördern

- Allgemeines Aufwärmen:

  - Dynamischer Einsatz großer Muskelgruppen (Crosstrainer)
  - Dauer: 10min
  - Herzfrequenz ca. 126 Schläge/Minute ($^{+/-}$ 5 – 10 Schläge)

- Spezielles Aufwärmen:

  zwei Vorbereitungssätze mit ca. 50% des Arbeitsgewichtes mit 10 Wiederholungen

3.2.2 Darstellung der Übungen des Mesozyklus I

Meso I (Split 1) zu Makrozyklus 01/2017		Marion Faßnacht		Leistungsstufe:	Beginner	
Dauer:	6 Wochen	06.11.17 bis 17.12.17		Trainingsziel:	Kraftausdauer	
Organisationsform:	GK Stationstraining	Trainingshäufigkeit:		2 x pro Woche	TUT:	2/0/2
Workout:	Kraftausdauer	Satzpausen:	60 S	Trainingstage:	---	

Muskelgruppe Trainingssystem 11 von 12	Übung Gerät Bemerkungen | Belastungsintensität ▶	Wdh Sätze Pause	ILB Test Ergebnis in kg	Wo 1 06.11.-12.11. 50,0% ILB	Wo 2 13.11.-19.11. 50,0% ILB	Wo 3 20.11.-26.11. 60,0% ILB	Wo 4 27.11.-03.12. 60,0% ILB	Wo 5 04.12.-10.12. 70,0% ILB	Wo 6 11.12.-17.12. 70,0% ILB
Brust ILB-Methode	Brustpresse	20 3 60 S	25,0 kg	12,5	12,5	15	15	17,5	17,5
Brust ILB-Methode	Butterfly an der Maschine	20 3 60 S	15,0 kg	7,5	7,5	9	9	10,5	10,5
Rücken ILB-Methode	Latzugmaschine	20 3 60 S	45,0 kg	22,5	22,5	27	27	31,5	31,5
Rücken ILB-Methode	Zug horizontal eng an der Maschine (NG)	20 3 60 S	30,0 kg	15	15	18	18	21	21
Schultern ILB-Methode	Schulterdrücken an der Maschine	20 3 60 S	15,0 kg	7,5	7,5	9	9	10,5	10,5
Schultern, seitliche ILB-Methode	KH Seitheben (sS)	20 3 60 S	4,0 kg	2	2	2,4	2,4	2,8	2,8

Abb. 9: Übung Mesozyklus I

Muskelgruppe Trainingssystem 11 von 12	Übung Gerät Bemerkungen | Belastungsintensität ▶	Wdh Sätze Pause	ILB Test Ergebnis in kg	Wo 1 06.11.-12.11. 50,0% ILB	Wo 2 13.11.-19.11. 50,0% ILB	Wo 3 20.11.-26.11. 60,0% ILB	Wo 4 27.11.-03.12. 60,0% ILB	Wo 5 04.12.-10.12. 70,0% ILB	Wo 6 11.12.-17.12. 70,0% ILB
Armbeugemuskulatur ILB-Methode	Bizepsmaschine	20 3 60 S	7,5 kg	3,75	3,75	4,5	4,5	5,25	5,25
Armstreckmuskulatur ILB-Methode	Armstrecken am Kabelzug	20 3 60 S	15,0 kg	7,5	7,5	9	9	10,5	10,5
Komplexe Beinübung ILB-Methode	Beinpresse 45° sitzend	20 3 60 S	55,0 kg	27,5	27,5	33	33	38,5	38,5
Beinbeugemuskulatur ILB-Methode	Beinbeugen liegend	20 3 60 S	20,0 kg	10	10	12	12	14	14
Beinstreckmuskulatur ILB-Methode	Beinstrecken beidbeinig	20 3 60 S	20,0 kg	10	10	12	12	14	14

3.2.3 Begründung

Die formulierten Trainingsziele sind:

- Kraftsteigerung um 15% in einem Jahr
- Aufbau von Muskelmasse 2kg in einem Jahr

Es liegen keine muskulären Dysbalancen oder gesundheitliche Einschränkungen vor. Darum kann eine ganzheitliche und ausgewogene Übungsauswahl für die einzelnen Muskelgruppen gewählt werden. Nur auf Kundenwunsch wird eine größere Gewichtung auf die Muskulatur der Beine gelegt, wo laut Kundenwunsch, die meiste Muskulatur aufgebaut werden soll.

Die Übungen werden der Reihe nach von oben nach unten ausgeführt. Mit dieser Reihenfolge werden mehrgelenkigen Übungen vor den Eingelenkigen durchgeführt. Auch werden die großen Muskelgruppen des Rumpfes vor den kleinen Muskelgruppen der Peripherie trainiert.

3.2.4 Das Abwärmen

Eine jede Trainingseinheit sollte mit dem Abwärmen (Cool-Down) beendet werden.

Die wesentlichen Ziele dabei sind:

- kurz- und langfristige Verletzungen sowie Verschleißerscheinungen des Bewegungssystems vorbeugen
- Kreislauffunktion herunterregulieren
- erhöhten Muskeltonus nach dem Training senken
- Regeneration verkürzen

Inhalte des Abwärmens (für **Frau W.**):

- Regenerative Herz-Kreislauf-Belastung:
    - Auslaufen/Ausradeln
    - Dauer: 12min
    - Herzfrequenz ca. 126 Schläge/Minute ($^{+/-}$ 5-10 Schläge)
- Dehnen:
    - Hauptsächlich die beanspruchte Muskel
    - Haltedauer: ca. 30 – 45 Sek.
- Weiterführende passive Maßnahmen:
    - Heißes Wannenbad
    - Sauna (wenn keine Kontraindikation vorliegt)
    - Solarium
    - Massage

4   ANHANG

Quellenverzeichnis:

[1]   WHO BMI classification (Wikipedia)

[2]   WHO BMI classification (Wikipedia)

[3]   Lehrbrief BSA-Akademie (rev.16.021.000) 3.1.1 d) Ruhepuls bzw. Tagespuls

[4]   Eifler, 2000; Strack & Eifler, 2005

[5]   Lehrbrief BSA-Akademie (rev.16.021.000) Seite 124 Tab.21

[6]   Deutsche Hochschule für Prävention un Gesundheitsmanagement - Studiebrief

      Trainingslehre / - Allgemeine Trainingslehre und Krafttraining v 2.0